箭术与禅心

[德]奥根·赫立格尔 著　鲁宓 译

Zen

in der Kunst

d e　　　　　　　　s

陕西新华出版传媒集团
三秦出版社

Bogenschießens

果麦文化 出品

目录

译序 I
序：无艺之艺 VII
自序 XI

一 禅与日本艺术 01
二 从学禅到学射箭 11
三 心灵拉弓 17
四 不放箭的放箭 25
五 以心传心 35
六 箭术的大道 51
七 结束与开始 69
八 从箭术到剑道 75

译序

　　这是一本很奇妙的书，篇幅虽短，所处理的却是一项非常困难的工作：以文字来传达不可描述的禅悟体验。为了不让以下的文字节外生枝或画蛇添足，在此请读者先跳过这篇译序，直接开始阅读正文。读完后如果觉得意犹未尽，再回到这里来看看吧。

　　市面上关于禅的著作不算少数，但是谈到禅总是会提到"不立文字"。这可能是有心学禅的人会遇到的第一个疑问。如果不立文字，我们看这些书能得到什么？禅到底是什么？

在最早的时候,"禅"这个字是一句印度话的音译,意思只是"静心去虑"。但是后来禅传到了中国,已经不仅是打坐静心了。在禅宗的种种公案与传奇故事中,禅似乎是对于生命中的困境有一种超越对错二元性的态度。禅师们在面临无可解的矛盾时,似乎总能够从中进出一种全新的东西,称之为做法或观点或解答都有点勉强,于是称之为"悟"。禅宗故事最让人心动的,往往就是"顿悟"。

因为有了顿悟,禅宗仿佛成为了一条求道的捷径。仿佛只要悟了一则公案,就立刻到达修行的最高境界,从此自在解脱。难怪追求速成的现代人对于禅都心生向往。

问题是,我们从禅宗公案或传奇故事中通常只看到悟的那一刹那,而看不到在所谓开悟之前,或开悟之后的种种过程,因此给人一种"修真快捷方式"的印象。也许这就是禅宗不立文字的用意:文字描述不了开悟,也难以传达禅修的种种过程,反而容易被简化或扭曲,造成误解。

正因如此,这本《箭术与禅心》才尤其难能可贵。

德国哲学教授奥根·赫立格尔，为了追求在哲学中无法得到的生命意义，远渡重洋来到东方的日本学禅，处处碰壁之后，通过箭术，他体验了禅的真义。这虽然是他个人的追寻，却具有重要的文化意义：一个具有西方理性思想精髓的学者，以客观的态度，亲自深入探究东方的直观智慧，并能以平实的文字加以分析报道，没有夸大渲染。这种来自异国文化观点的第一手心得报告，没有经过时间或口耳相传的扭曲，也不用背负任何传统的包袱，往往比种种故事传说甚至经文公案更真实，更具参考价值。

赫立格尔教授说他身为欧洲人，直接学禅有困难，所以不得不借助一项外在的运动。其实他这样做很符合禅的精神，一举跳过了宗教传统的种种包装，以行动来直接切入禅：禅是活生生的体验，不存在于任何语言文字之中。

体验什么呢？在此冒着误导读者的危险（请自行斟酌），简单说，就是当下的真心。我们这些凡夫俗子之所以无法解脱烦恼，抛开业障或轮回等说法，纯粹以意识的观点来看，就是因为我们的意识几乎永远被困在自我的投射之中：不是对于未来的憧憬或担忧，就是对于过去的缅怀或悔恨，而无法真正忘我地活在当下。"当下真心"的状态，如果勉强地加以描述，可以说是一种不带丝毫贪求，也不带任何憎恶的平衡心境，对一切事物都平等无分别地全然接纳，于是就可以从所有的烦恼痛苦中解脱。如果引申到日常生活中，说起来很简单，譬如"饿了就吃，困了就睡"，可是对于我们这些冥顽不灵的凡夫俗子而言，实在很难参透其中的真义。但是在《箭术与禅心》中，通过赫立格尔教授习箭的过程，让我们对于当下的真心有更实际、更清楚的概念。我们看到一个初学者因为缺乏当下的真心，于是学习射箭的每一个阶段对他而言都是一个困境，仿佛一则则似乎无解的公案。赫立格尔教授很清楚地描述了这段过程。

首先是拉弓的困境：拉弓时如果用力就会发抖，但是那些弓又非常强硬，不用力怎么拉得开？然后是放箭的困境：放箭不能出于自己的意识，有意识的放箭都会造成箭的颤动，但是无意识又怎么放箭？最后是击中箭靶的困境：老师一再告诫射箭时不要有射中目标的欲望，不要瞄准，那么要如何射中箭靶？每一个困境在知性上似乎都没有合理的解答，学生没有其他的办法，只有信任老师的引导，全心全意地继续努力，逐渐放下更多的自我投射，变得无所求与无我，于是，就在自己都意想不到的情况下，突然就水到渠成，体验到了箭术中的禅心，以自然无痕的方式完成了最困难的动作。事后看来，每一个困境的解决其实都是一次"当下真心"的显现，都是一个悟。

不管是通过箭术、禅定，还是参话头公案，如果悟是当下真心的乍现，在开悟之前，禅师必须先完成漫长艰辛的准备工作，才能够逐渐消解自我的投射，在意识中清理出空间，让当下真心能够出现。有了开悟体验的禅师，也只不过是对生命的实相有电光火石的一瞥而已，在开悟之后也还有更多的进境，有更多的挑战必须克服。他仍然需要持续的努力，使当下真心的出现越来越平常，或许终于有一天，他的意识能够彻底摆脱所有瞻前顾后的妄想与根深蒂固的习性，永远留住当下的真心，从此不再有悟与不悟的分别。姑且不论这是否就是最终的证道，单就人生的痛苦与烦恼而言，这种状态毋庸置疑算是自在解脱了。

以往对于禅学，我们所接触到的往往都是转过好几手的传闻，或经过政治化的门户之见。例如大家都耳熟能详的六祖慧能与神秀的衣钵之争，硬是将禅学粗浅地划分为"南派顿悟"与"北派渐修"：南派的"本来无一物，何处惹尘埃"通常受到标榜，而北派的"时时勤拂拭，勿使惹尘埃"则时常被看轻。现在读过《箭术与禅心》之后，我们最起码应该能够了解，没有渐修，哪来的顿悟？而顿悟之后，也还是需要持续的渐修。渐修与顿悟其实是一体的两面，根本不应该被分割。在禅宗故事中，有很著名的"见佛杀佛"公案，对于那些把渐修与顿悟划分为两派的所谓宗师们，以箭术的禅心而言，我们恐怕也应该要有"见祖射祖"的见地。

序：无艺之艺

铃木大拙（1870 – 1966）

别号也风流居士，被誉为"世界禅者"，1963年获诺贝尔和平奖提名

在箭术中，事实上在所有属于日本及远东国家的艺术中，最显著的一个特征是，那些艺术并不具有实用或纯粹欣赏娱乐的目的，而是用来锻炼心智；诚然，那些艺术能使心智接触到最终极的真实。因此，箭术不仅是为了要击中目标，剑手挥舞长剑不仅是要打倒对手，舞者跳舞不仅是要表现身体的某种韵律。心智首先必须熟

悉无念。

如果一个人真心希望成为某项艺术的大师,单纯靠技术性的知识是不够的。他必须要使技巧升华,使那项艺术成为"无艺之艺",发自无念之中。

在箭术中,射手与目标不再是两个相对的事物,而是一个整体,射手不再把自己意识为一个想要击中对面箭靶的人。只有当一个人完全虚空,摆脱了自我,才能达到如此的无念境界,他与技巧完美地成为一体;然而这其中蕴藏着十分奥妙的事物,无法借由任何按部就班的艺术学习方式来达到。

禅与其他所有宗教、哲学、神秘法门的教诲的最大不同是,禅从未脱离我们日常生活的范畴,尽管它的做法实际且明确,却具有某种东西使它超然于世界的混乱与不安之外。

在这里,我们接触到了禅与射箭之间的关系,以及禅与其他的艺术,诸如剑道、花道、茶道、舞蹈以及绘画等之间的关系。

禅是平常心,如马祖禅师(卒于788年)所说,平常心就是"饿了就吃,困了就睡"。一旦我们开始反省、沉思，将事物观念化之后，最原始的无念便丧失了，思想开始介入。我们吃东西时不再真正吃东西，睡眠时也不再真正睡眠。箭已离弦，但不再直飞向目标，目标也不在原地。误导的算计开始出现，箭术的整个方向都发生错误，射手的困惑心智在一切活动上都背叛了自我。

人类是会思考的生物，但是人类的伟大成就都是在没有算计与思考的情况下产生的。经过了长年的自我遗忘训练，人类能够达到一种童稚的纯真状态。在这种状态中，人类不思考地进行思考。他的思考就像是天空落下的雨水，海洋上的波涛，夜空闪烁的星辰，在春风中飘舞的绿叶。的确，他就是雨水、波涛、星辰与绿叶。

当一个人到达如此的精神境界时，他就是一个生活艺术中的禅师。他不像画家般需要画布、画笔和颜料；他也不像射手般需要弓箭、箭靶和其他用具。他拥有他的四肢、身体、头和其他部分，他的禅通过所有这些"工具"来表现自己。他的手脚便是画笔，整个宇宙便是画布，他在上面描绘他的生命七十、八十，甚至九十年。这幅画叫作历史。

X

　　五祖山的法演禅师（卒于1104年）说："此人以虚空做纸，海水为墨，须弥山做笔，大书此五字：祖—师—西—来—意。[1] 对此，我铺起我的坐具[2]，深深顶礼敬拜。"

　　有人会问："这段奇怪的文字到底是什么意思？为什么有如此表现的人值得给予最高的敬意？"一位禅师也许会回答："我饿了就吃，困了就睡。"如果他喜爱大自然，他也许会说："昨日天晴，今日下雨。"然而对读者而言，问题仍然存在："射手在什么地方呢？"

　　在这本奇妙的小书中，赫立格尔先生，一位德国的哲学家，来到日本借学习箭术来体验禅，生动地报告了自己的经验。通过他的表达，西方的读者将能够找到一种较熟悉的方式，来面对一个陌生而时常无法接近的东方经验。

伊普斯威奇，马萨诸塞州，美国

1953年5月

---

[1]. 这五个汉字的字面意思是"祖师来到西方的首要动机"。这个主题时常在公案中被提及，意味着询问禅的最核心意义。
[2]. 坐具（Zagu）是禅师随身携带的物件之一。当他要向佛祖或导师顶礼时，坐具会摊开在他身前。

自序

在1936年的《日本》杂志上,发表了我在柏林日德协会上进行的题为"箭术"(日本称为弓道)的演讲。当然,这次演讲十分谨慎,但明确"箭术"和"禅心"之间的密切关系,是我演讲的主要内容。然而,因为在此次演讲中,还没能就箭术与禅心之间的关联予以强有力的事实佐证,这使得我充分意识到,这种尝试不过是我个人暂定的事情而已。

尽管如此,我的论述还是引起了极大的反响。随后,在1937年,被翻译成日语。1938年,被翻译成荷兰语。并且在1939年,我接到了印度语翻译的通知(此后没有得到确认的消息)。1940年,我和小町谷操三教授面谈的同时,出现了内容上有所改译的日语译本。[1]

此前,库尔特·威勒(Curt Weller)书店向我询问可否出版我的演讲,我随即同意了。该书店曾经出版并三次再版铃木大拙博士的重要禅书《大解放》,另外还有出版佛教丛书的周到计划。但在当时,十年的时间已经过去——对于我来说,那是意味着不堪忍受之磨炼的十年——我抱着精神上达到更高境界,比以前更加深入、更加充实的态度,确信自己能够阐述这"神秘"箭术的核心问题。于是,我决心发表当时重新修改过的著述。在写作这本书时,我学习箭术时难以忘怀的回忆,以及我在过去接受训练的过程中,每当稽古[2]有所进步时就写下的笔记,都起了极大的作用。所以,我在本书的叙述中,涉及我的老师的教诲,没有一句不是他亲口对我

---

1. 本书有意、英、法、日、荷兰、希腊等多种语言译本。
2. 意为训练、演练。

说的。并且，我还能够确信，我在此没有使用任何一种老师没有使用过的比较和比喻。

在本书中，我还十分注意尽量使用简单的语言来进行写作。这样做的理由，不只因为禅本来就是用最为简单的语言来表现、教诲众徒的，还因为我有一种经验，那就是即使我完全舍弃某些符号式的纲领性语言，我内心那些难以表达的感受，仍不够明了和具体。

现在，我的脑海中浮现着另一个念头：写禅自身的本质，将作为我的下一个计划。[1]

1.作者在去世前，亲手将未付梓的手稿付之一炬，内容据推测是对"箭术与禅心"的进一步阐释。后来，作者的遗孀在他的其他遗稿中又发现了许多"关于禅的本质"的笔记，经整理后以《禅之路》为题出版。

一

禅与日本艺术

初看之下，不管读者是否了解"禅"这个字，把禅与射箭之类的事放在一起，似乎对禅是很大的不敬。就算读者肯退让一步，发现射箭也可被当成一种"艺术"，但若要去探究这项艺术背后所隐藏的意义，而不只把它当成一种运动的表现，读者可能私底下仍会感到勉强。因此读者会希望有人能说明这项日本技艺的奥妙之处。在日本，弓箭的使用是渊源已久、备受尊重的传统。在远东，古老的战斗技能被现代武器所取代还是很近代的事。现在，弓箭的使用没有被荒废，反而更加普及，在不同的领域中发扬光大起来。于是难免会有人假设，说不定今日在日本，箭术已经成为一项全国性的运动？

这个想法是大错特错的。在日本传统中，箭术是被尊为一项艺术，当成民族的文化传承的，因此乍听起来奇怪的是，日本人非但不把箭术当成运动，还把它当成一种宗教仪式。所以，在谈到箭术的"艺术性"时，日本人并不认为那是运动者本身的能力，或多或少可由身体的训练来控制；而是一种心灵训练所达到的能力，其目标在于击中心灵上的靶。所以根本上，射手瞄准了自己，甚至会击中自己。

这话听起来无疑令人困惑。读者会说，什么？曾经事关生死的箭术不但没有成为一项运动，反而降级为一种精神练习？那么弓、箭与靶又有什么用呢？这不是否定了古老箭术的阳刚艺术性与诚实的意义，而以一些模糊不清，甚至空幻的概念取而代之吗？

但是我们要知道，箭术艺术中的特殊精神自古就与弓箭本身息息相关，非但不需要重新建立与弓箭的关系，现在反而更加明显，大家都相信箭术的精神已不再是为了流血的斗争。但如果说箭术的传统技术已不着重于战斗，而变成一种愉快而无害的消遣，这也是不正确的。箭术的大道（Great Doctrine）有着极不同的说法。根据大道，射箭仍然是生死攸关的大事，是射手与自身的战斗；这种战斗不是虚假的替代，而是一切外在战斗的基础，包括与一个有形对手的战斗。射手在与自己的战斗中揭示了这项艺术的秘密本质,虽然舍弃了武士斗争的实用目标,但不会降低它的任何实质意义。

因此在今日,任何接受这项艺术的人,都能够从它的历史发展中得到无可否认的帮助,使自己对于大道的理解不会被心中隐藏的实际目标所蒙蔽,因为那些实际目标将使对大道的理解几乎成为不可能。从古至今的箭术大师都会同意,要想接近这种艺术,只有那些心境纯净、不为琐碎目标困扰的人才能做得到。

从这个观点,也许有人会问,日本箭术大师们如何理解这种射手与自己的战斗,又如何加以描述呢?他们的回答听起来很玄奥。对他们而言,这项战斗是射手不瞄准自己地瞄准了自己,不击中自己地击中了自己,因此,射手同时成为了瞄准者与目标,射击者与箭靶。或者,用更接近大师心意的说法,就是射手必须克服自我,成为一个不动的中心。然后就会发生最大与最终极的奇迹:艺术成为无艺术,射击成为无射击,没有弓与箭的存在;老师再度成为学生,而大师成为新手,结束即开始,而开始即完成。

对东方人而言,这些神秘的道理是清楚而熟悉的真理，但对我们西方人而言，则是无法理解的困惑。因此我们必须更深入地研究这个问题。甚至连我们西方人都早已知道，日本的艺术内涵具有共同的根源，那就是佛教。这一点在箭术、绘画、戏剧、茶道、花道及剑道上都是一样的。它们都预设了一种精神境界，然后以各自的方式去达到这种境界。这种境界的最高形式就是佛教的特征，因此具有一种僧侣的本质。在这里，我不是指一般的佛教，也不是指我们在欧洲经由佛教文献所推论出来的具体的佛教形式。我在这里所要探讨的，是佛教中的禅宗，它完全不是一种推论出来的理论，而是一种直接的体验。正如追求生存意义的无底深渊一般，它是无法用理智来掌握的，一个人只能无意识地知道它；就算是有了这种最明确与肯定的体验，仍然无法加以诠释；为了这些重要的经验，禅宗通过有系统的自我冥思禅定，发展出途径来引导个人在灵魂的最深处觉察到那无可名状的、无根无性的本体——不仅如此，还要与之合一。在此诉之于箭术，以很可能造成误导的言语来形容就是：由于心灵的训练，箭术的技巧变成一项艺术，如果适当地进行，能够成为"无艺之艺"。心灵的训练就是神秘的训练，于是乎箭术就意味着不是外在地使用弓箭，而是内在的自我完成。弓与箭，只是不必要的皮毛，只是达到目标的途径，而不是目标本身；弓与箭只是最后决定性一跃的助力而已。

由以上这些来看，最适当的莫过于能直接聆听禅师的说明来帮助理解。事实上这种机会并不稀少。铃木大拙在他的《禅学丛论》(*Essays in Zen Buddhism*) 中很具体地说明了日本文化与禅宗的密切关系，日本的艺术、武士道的精神、日本的生活方式、道德、美感，甚至日本的知性发展，在某种层面上都受到了禅宗的影响，如果不熟悉禅宗，就无法正确地理解日本。

铃木大拙的重要著作及其他日本学者的研究，已引起人们普遍的兴趣。佛教的禅宗诞生于印度，经过了巨大的转变后在中国发展成熟，最后被日本所吸收，成为一种生活中的传统直至今日。一般都承认，禅宗揭示了意想不到的生存之道，这也是我们迫切需要了解的。

然而，尽管有禅学专家的努力，对于我们欧洲人而言，洞察禅道精义的领悟仍然是很缺乏的。禅道似乎拒绝深入的探究，欧洲人的直觉在初步的努力后，很快便碰上了无法越过的障碍。禅理藏在不可见的黑暗中，就像是东方的精神生活所酝酿出来的奇妙谜语：无法解释而又无可抗拒地吸引人。

这种难以洞悉的痛苦感觉，部分原因要归咎于禅宗所采取的说明方式。一般明理的人都不期待禅师会用超过暗示的方式，来解说那些曾经使他自己解脱与改变的经验，或去描述他以生活所印证的不可思议的"真理"。在这方面，禅宗就像是纯粹的沉潜神秘主义。除非我们直接参与了神秘的经验，否则我们就一直在外面打转，不得其门而入。这是所有真正的神秘主义所遵循的法则，绝无例外。禅宗虽然有许多被视为神圣的经典，但这不构成矛盾。禅宗有特殊的做法，只向那些已经证明自己有资格体验真理的人揭示禅宗的生命真义，因此那些人可以从经文中得到印证，印证一些他们已经拥有，而又独立存在的事物。在另一方面，那些没有体验过的人，即使以最刻苦无己的精神来探求，不仅仍然看不懂字里行间的意义，更会陷入最无助的精神混乱之中。就像所有的神秘主义，禅只能被一个本身已进入神秘的人所理解，而不能用神秘经验之外的方法偷偷去获得。

然而一个被禅所转变的人，通过了"真理之火"的试炼，其生命的表现是我们无法忽视的。于是我们受到心灵的驱使，渴望发现一条道路，通往造成如此奇迹的无名力量。但是仅仅靠着好奇是无用的，我们期望禅师至少能够描述那条道路，这种期望应该不算过分。没有一个玄学或禅的学生能够在一开始就达到自我完美。在他终于洞悉真理之前，有多少事情必须克服与抛弃！他在那条路上，有多少时候要被孤独的感觉所折磨，觉得自己是在尝试不可能的事！但是有一天，不可能会成为可能，甚至可以自证。那么我们为何不能希望有人能为我们描述一下这条漫长而艰辛的路，让我们至少可以问自己一个问题：我们要不要走上这条路？

对于这条路及其各阶段的描述，在禅宗的文献中几乎完全找不到，部分是由于禅师都极力反对任何具有形式的指导。禅师从自己的经验中得知，若是缺乏老师的引导与禅师的帮助，没有人能够一直走下去。另一方面，同样明显的是，由于他的经验、他的克服及精神上的升华，只要仍旧是属于"他的"，就必须不断地再克服与升华，直到一切是"他的"都被消灭了。唯有如此，他才能得到一种基础，让包含一切的真理经验来提升他超越日常个人的生活。他仍然生活着，但活着的已不是他的自我。

从这个观点，我们可以理解为什么禅师总是避免谈论他自己和他的求道过程。不是因为他认为谈话是不谦虚的，而是因为他把谈话视为对禅的一种背叛。甚至连决定说一些关于禅的事，都会让他感到万分犹疑。他脑海中有一位伟大禅师的例子警告着他，每当有人问那位禅师禅是什么时，他会寂然不动，仿佛没有听到问题似的。如此一来，又有什么禅师会想尝试说明这位伟大禅师置之不理、毫不在意的问题呢？

在这些情况下，如果我自限于一些谜般的偈语或躲藏在一些响亮的言辞之后，我就是在逃避我的责任。我的目标是去说明禅的性质，它如何深入影响了一项艺术。这种说明当然无法解释禅的根本，但是至少要显露有东西是存在于那无法看透的雾中的，就像是夏季风暴欲来前的闪电。理解这一点后，射箭的艺术就像是禅的一所预备学校，它让初学者能通过自己的手而对那些无法理解的事物有一个较清楚的概念。客观说来，从我前面提及的任何一项艺术，都有可能到达禅的境界。

　　然而我相信，要达成我的目标，最有效的途径就是去描述一个箭术学生必须接受的课程。更具体地说，我将要尝试叙述我在日本的六年时间中，跟随一位伟大的箭术老师学习的经过。所以，是我的亲身参与容许我做如此的尝试。即使是预备学校，仍然有许多的谜题，为了使大家都能够理解，我只好详细地回溯我在成功地进入大道之前，必须克服的所有困难、所有障碍。我以自己现身说法，因为我找不到任何其他方法来达到我所立下的目标。为了同样的理由，我的报告将只限于最基本的细节，这样可使它们更清楚明白。我刻意避免描述这些教诲的背景环境，以及深深刻印在我回忆中的情景，以及最重要的，避免描述师父的形象——虽然这是非常难以克服的欲望。我要描述的一切都环绕着箭术，而有时候我觉得箭术的说明比学习还困难，这些说明必须够深入，让我们能瞥见在遥远的天际，禅所活生生存在并呼吸着的空间。

二

从学禅到学射箭

我为什么要学习禅,而且因此学习箭术,这需要加以解释。当我还是学生时,仿佛被某种神秘的冲动所驱使,我就对神秘主义之类的玄学别有向往,虽然当时的风尚并不鼓励这种兴趣。然而,尽管费了很大的努力,我却越来越清楚,我只能从外部去接触这些玄学的文字。虽然我知道如何在所谓的原始神秘现象周围绕圈子,却无法跃过那像高墙般环绕着神秘现象的界线。在庞大的玄学文献中,我也找不到我所要追寻的事物。在失望与挫折中,我逐渐明了,只有真正超然的人,才能理解什么是超然;只有当冥思的人完全达到空灵无我的境界,才能与那超然的实体合而为一。因此我终于明白,除了靠个人亲身的体验与痛苦之外,没有其他通往神秘的道路;若是缺乏了这项前提,一切言语都只是空谈罢了。

但是，怎样才能成为一个进入神秘世界的人呢？如何才能达到那真实的超然，而不是空想呢？与那些大师们相隔了数世纪时光的人们，是否还有一条通往神秘世界的途径呢？生活于完全不同情况之下的现代人要怎么办呢？我从未找到任何满意的答案，虽然曾经有人告诉我一套循序渐进的方法，保证可以达到目标，但我缺少可以代替老师的、详细准确的指引能让我走上那条路，或至少能指引我部分的旅程。然而，就算是有如此的指引，这样就足够了吗？指引最多只能使人有所准备，来接受某些甚至连最好的方法也无法提供的事物，因此，是否任何人类所知的方法都无法带来神秘的经验？不管我如何看这个问题，我都发现自己碰上了锁住的门，但是我无法克制自己不停地去敲打门环。我的渴望不止息，而当渴望困倦时，又会渴望着一颗渴望的心。

因此，当有人问我（此时我已经成为一个大学讲师）想不想去日本的东北大学教哲学时，我极愉快地答应了。这是个让我能够认识日本及其人民的机会，而且又让我有缘接触佛教，由内学习这门玄学。我已经听说过，在日本有一种被严密保护的生活传统：禅。这项艺术的传授经过了许多世纪的考验,而且最重要的,禅的老师都非常通晓心灵引导的奥妙。

我才刚开始熟悉这个新环境,设法去实现我的愿望,就立刻碰上了难堪的闭门羹。有人告诉我,从来没有欧洲人认真地与禅发生关系,由于禅反对任何"教导"的痕迹,我也别期望它能带来任何"理论"上的满足。我费了许多功夫才让他们理解我为何希望献身于不重理论的禅。然后他们又告诉我,欧洲人想深入这种精神生活的领域是没有什么希望的——这可算是东方最玄奥的生活方式——除非他能先学习一项与禅有关的日本艺术。

必须先上某种预备学校的想法并未令我却步。只要有希望能稍微接近禅,不管多么费事我都愿意。一条迂回的路不管有多吃力,也比没有路要好。但是在符合这项目标的众多艺术中,我要选择哪一项呢?我的妻子只稍加犹豫,便选择了花道与绘画,而我觉得射箭比较适合我,因为我假设自己在步枪与手枪射击上的经验会对我有利,后来我才知道这个假设是完全错误的。

我的一位同事,法学教授小町谷操三(Sozo Komachiya)，学习箭术已有二十年之久，被视为校中最有造诣的代表。我拜托他把我介绍给他的师父，有名的阿波研造（Kenzo Awa）大师，让我能投在他的门下做学生。师父起先拒绝我的请求，说他以前有教导一个外国人的错误经验，至今仍然感到后悔，他不准备重蹈覆辙，以免学生被这项艺术的特殊精神负担所伤害。我坚持师父可以把我当成一个最小的弟子看待。他明白我希望学习这项艺术不是为了乐趣，而是为了大道，才接受了我这个徒弟，也接受了我妻子。因为在日本，女子学习射箭是由来已久的传统，师父的妻子与两位女儿都是个中高手。

就这样，我开始了一段漫长而艰辛的学习。我的朋友小町谷操三先生，曾经不遗余力地为我恳求，几乎成了我们的保证人，现在又成为我们的翻译。同时，我也幸运地受邀参加我妻子的花道与绘画课程，使我得以比较这些相辅相成的艺术，从而得到更广阔的理解基础。

三

心灵拉弓

我们从第一堂课开始,就知道这门无艺之艺是不容易学习的。师父首先给我们看各种日本弓,解释说它们特别的弹性是由结构与材质所造成的,这些弓通常是以竹子制作。但是他要我们更加注意的似乎是,长逾六尺的弓在拉开时的高贵形态,而且弦拉得越开,弓的形态就越惊人。师父解释说,当弓完全拉开时,它就包含了"一切",因此学习正确的拉弓是很重要的。然后他抓起他最好也最强的一张弓,以一种肃穆庄严的姿势站着,轻弹了几次弓弦,弦端发出尖锐的扣弦声与低沉的鸣响,这声音只要听过几次就会毕生难忘:它是如此的奇异,如此锐利地直指人心。

在日本,自古以来便传说弓具有降服邪魔的秘密力量,我相信这个说法已经深植于整个日本民族心中。经过这个深具意义,象征净化与圣洁的初步介绍后,师父命令我们仔细看着他。他把一支箭扣在弦上，把弓拉得如此之满，我真怕那张弓会受不了"包含一切"的张力而把箭射出去。这一切看来不仅非常美丽，而且毫不费力。这时他指示我们："现在你们也这样做，但是记住，箭术不是用来锻炼肌肉的。拉弓时不要用上全身的力气，而要学习只让两手用力，肩膀与手臂的肌肉是放松的，仿佛它们只是旁观者似的。只有当你们做到了这一点，才算是完成了初步的条件，使拉弓与放箭心灵化。"说完这些话，他抓住我的手，慢慢引导我做一遍要做的动作，好像是要让我习惯这种感觉。

最初使用一张中等强度的弓时，我就已经发现，为了将弓拉开，不但胳臂要使出相当大的力量，而且全身都不得不用力。因为日本的弓不同于欧洲运动时使用的弓，不是举在肩膀的高度让你的身体可以施力。日本弓扣上箭时，双手必须几乎高举过头，而且两手手臂几乎平伸。因此，射手所能做的只是平均地向左右拉开双臂，弓拉得越开，双手也越向下移，直到握弓的左手到达了眼睛的高度，手臂伸直，而拉弦的右手臂弯曲，略高过右肩，使三尺长的箭只有一点尖端突出于弓的边缘——形成非常大的弓幅。射手必须保持这种姿势一会儿才放箭。这种特殊的拉弓方法使我的手很快就开始发抖，呼吸也变得沉重。接下来的几个礼拜，情况没有好转。拉弓仍然是件困难的事，不管如何勤奋地练习也无法使之心灵化。为了安慰自己，我想其中必有诀窍，只是师父为了某种理由没有透露。我立志要找出这个诀窍。

我继续努力练习。师父注意到我的努力，沉默地纠正我的紧张姿势，夸奖我的热忱，责备我浪费力气，此外一切随我自主。只是，当我拉弓时，他总是会对我大叫："放松！放松！"——这是他特别学会的外语——虽然他从来不会失去耐心或礼貌，但是他的呼喊总是触及我的痛处。终于有一天，我失去了耐心，自己向他承认，我实在无法照他教导的方式拉弓。

"你做不到，"师父解释说，"是因为你的呼吸不正确。吸气之后要轻轻地把气向下压，让腹肌紧绷，忍住气一会儿，然后再尽量缓慢平均地吐气，停顿一会儿，再快吸一口气——就这样不停地吸进呼出，自然形成一种韵律。如果能正确做到，你会觉得射箭一天比一天容易。因为从这种呼吸中，你不但能发现一切精神力量的泉源，也会使这泉源更为丰盛流畅地注入你的四肢，使你更轻松。"为了证明他的话，他拉开他的强弓，请我站在他后面感觉他手臂的肌肉。真的是很轻松，仿佛完全没有用力似的。

我开始练习新的呼吸方法，起先不用弓箭，直到呼吸得很自然为止。开始时我有些许不适感，但是很快就克服了。师父很强调吐气时要尽量缓慢平稳，直到完全呼出。为了练习时有更好的控制，他要我们呼气时发出声音。只有当声音完全随气息消逝之后，他才让我们再吸气。有一次师父说，吸气是融合与连接，屏住呼吸使一切进入状态；而呼气是放松与完满，克服一切限制。但是我们当时都不懂师父话中的含义。

师父接着继续说明呼吸与射箭的关系。呼吸练习不只是为了呼吸而已。他把拉弓放箭的连续过程分解为几个步骤：握弓，搭箭，举弓，拉弓，并停留在最大张力状态，然后放箭。每个步骤都开始于吸气，然后将气屏在腹部，最后呼出。结果是呼吸自然地配合，不仅强调了个别的位置与手的动作，而且依照个人呼吸的不同，将一切动作编织成有韵律的过程。因此，就像前面说过的那样，即使将这些动作分解也无妨。射箭的过程完全是从自身到自身的一种行为，像体操那样的练习是不可比拟的，因为做体操时，即使随意地添加或减少动作也不会破坏它的整体意义。

每当我回想那段日子，就不免会想起在最开始时，我要使呼吸正确是多么的困难。虽然我的呼吸在技术上是正确的，但是每当我试着在拉弓时放松我的手臂与肩膀肌肉，我的腿部肌肉就变得更为僵硬，仿佛我若是不站稳，就会死掉似的；又仿佛我是希腊神话中的安泰俄斯，必须从大地中汲取力量。师父时常没有办法，只好闪电般抓住我的腿部肌肉，压住一个敏感的部位来提醒我。我为了替自己辩护，有一次对师父说，我刻意要使自己放轻松，他回答："这正是问题所在，你特别费心去思索它。你必须完全专注于你的呼吸上，好像除了呼吸外没有其他事！"我花了许多时间才达到师父的期望，但我毕竟做到了。我学会在呼吸中毫不费力地放开自己，有时我甚至觉得自己并不在呼吸，而是——听起来很奇怪——被呼吸了。有时候我长时间地思索，不愿意承认这个大胆的念头，但是我已不再怀疑呼吸具有老师所说的一切特性。我开始偶尔能够维持拉开弓的姿势，同时保持身体完全的放松；然后次数渐渐增多，但我无法说明这是怎么发生的。少数的成功与无数次的失败之间显著的差异，使我不得不相信，我终于理解了用心灵拉弓的含义。

这如同长毛狮子狗的原形。[1] 就是说，它不是我所妄想偷学的技巧诀窍，而是能带来解脱的呼吸控制，具有新鲜与深远的可能性。我这么说不无疑虑，因为我知道向一种有力的影响低头是多么的容易，只因为这经验是很不寻常的，就沉醉于自我幻想中，过度夸大它的重要性。但是不管我是多么含糊笼统与含蓄谨慎，新呼吸方法使我终于能够放松肌肉，甚至拉开师父最强的弓，这是无可否认的事实。

有一次，我与小町谷操三先生谈及此事，我问他为什么师父要看我花那么多冤枉力气去试图心灵拉弓，

---

1. 典出歌德《浮士德》，指魔鬼梅菲斯特的化身。

却不在一开始就教导正确的呼吸方式。"一个伟大的师父,"他回答,"必然也是一位伟大的老师,对我们来说,这两者是一体的。如果他一开始就教呼吸练习,他就无法使你信服这种方法的重要性与决定性。你必须以自己的努力去遭受挫败,才会准备好抓住他抛给你的救生圈。相信我,从我自己的经验中,我知道师父了解你和每一个学生,甚至比学生自己都要清楚,也许我们不愿意承认,但他的确能够看进学生的心灵。"

四
不放箭的放箭

经过了一年，我才能做到不费力地用心灵拉弓，这实在算不得什么了不起的成就。可是我很满意，因为我开始理解一种自卫术的道理。一个人以出乎意料的退让使对手的强烈攻击落空，因而倒地，这种以对手本身的力量来击败对手的艺术叫作"柔道"。自古以来，至极柔软而又无可征服的水，就是柔道的象征。老子曾经说过"上善若水"的至理名言，因为"天下莫柔弱于水，而攻坚强者莫之能胜"。而且，师父在学校常说："开始时进步得很快的人，以后会遭遇较多的困难。"对我而言，开始绝非易事，因此我是否可以更有信心去面对将来的困难呢？

接下来要学的就是"放箭"。到目前为止，我们被允许偶尔放放箭，只被当成附带的练习。至于箭射到何处没有人在意，只要能射中那捆兼具箭靶及沙袋双重功能的稻草束，就是莫大的光荣。而要射中它实在不算什么，因为距离最多只有十步远。

以往，当我维持不住弓的最高张力，伸展的双臂必须收回时，我就会放开弓弦。弓的张力倒是一点也不令人感到痛苦。拉弦的皮手套在拇指处有很厚的衬里，以防弦的压力使拇指受不了，而在弦未拉到最高张力时便提前放了箭。拉弓时，拇指绕着弦，贴着箭，扣进掌心，三个手指紧紧压住拇指，同时稳稳地夹住箭。放箭就是张开握住拇指的手指，把拇指放掉。因为弦的拉力极大，拇指会被猛力拉直，弓弦一抖，箭便飞了出去。到目前为止，我放箭时身体都会猛然颤抖一下，影响了弓与箭的稳定。因此根本无法做到平稳地放箭，不用说，有些箭一定是射得"歪七扭八"的。

一天，师父看到我放松拉弓的姿势没有什么问题后，就对我说："到目前为止你所学的，只是放箭的准备工作。我们现在面对一项新的，而且特别困难的任务，这将带领我们进入箭术的新阶段。"说着，师父抓起他的弓，拉满后就射了出去。在这时候，我特别注意师父的动作，才发现师父的右手虽然因为张力的释放而向后弹回，但是却完全没有震动到身体。他的右手肘在放箭前形成一个锐角，放箭后被弹开来，却轻柔地向后伸直。无法避免的震动完全被缓冲所吸收抵消了。

如果不是那颤抖的弓弦尖锐的"嘣"一声，以及飞箭的穿透力，没有人会感觉到那放箭时的威力。至少在师父身上，放箭看起来如此轻松平常，简直如同儿戏。

毫不费力地进行一项需要极大力量的表演，这是一种奇观，东方人能深加体会与欣赏。但是对我而言更重要的是——当时我无法另作他想——射箭的正确与否是决定于放箭的平稳。我从步枪射击的经验得知，瞄准时若有轻轻的晃动就会造成多么大的影响。我到目前所学的一切，只能从这个观点来看对我才有意义：轻松地拉弓，轻松地维持着最高张力，轻松地放箭，轻松地缓冲反弹力——这一切都是为了击中箭靶这个伟大目的，我们难道不是为了这个目的才花费这么大工夫与耐性学习箭术？那么，为什么师父会说，在我们到目前为止所练习与所习惯的一切中，过程才是最重要的呢？

不管如何，我仍然依照师父的指导勤练不懈，但是我的努力都白费了。我时常觉得我以前不假思索地胡乱放箭反而射得比较好。我特别注意到，我无法轻松地放开右手，尤其是扣住拇指的三个手指总是必须用上一点力，结果造成放箭时的震动，于是箭就射歪了。尤有甚者，我无法缓冲放箭后突然松开的右手。师父继续不气馁地示范正确的放箭，我也不气馁地模仿他——唯一的结果是，我越来越没有把握，就像一只蜈蚣突然想弄清楚自己的脚走路的顺序，结果反而寸步难行了。

师父对于我的失败显然不像我这样恐慌。他是不是从经验中知道了一定会如此？"不要思索你该怎么做，不要考虑如何完成它！"他叫道，"只有当射手自己都猝不及防时，箭才会射得平稳。弓弦要仿佛切穿了拇指似的，你绝不能刻意去松开右手。"

接下来是数月的徒劳练习。我一直以师父为参考，亲眼观察正确的放箭，但是我一次都没有成功。我拉弓后苦苦等待着放箭的发生，结果就会受不住张力，双手慢慢被拉靠近，这一箭就泡汤了。如果我坚持忍受张力，直到气喘吁吁，我就必须依赖手臂与肩膀的肌肉。于是我像座石像般站在那里——模仿师父的不动——但是全身僵硬，我的松弛也就消失了。

也许是碰巧，也许是师父有意的安排，有一天我们在一起喝茶。我抓住这个讨论的机会好好吐露了一番心声。

"我很了解，要把箭射好，放箭时绝不能震动。"我说，"但是我怎么做都不对。如果我尽可能握紧手指，则松开手指时就无法不震动。但是相反地，如果我轻松地拉弓，则还没有达到张力顶点，弓弦就会从手中扯脱，固然是猝不及防，但仍然太早了些。我被困在这两种失败中，找不出方法逃避。"

师父回答说："你握住拉开的弓弦，必须像一个婴儿握住伸到面前的手指。他那小拳头的力量让人惊讶，而当他放开手指时又没有丝毫的震动。你知道为什么吗？因为婴儿不会想：我现在要放开手指来抓其他东西。他从一件东西转到另一件东西，完全不自觉，没有目的。我们说婴儿在玩东西，而我们也可以说，是东西在跟婴儿玩。"

"也许我懂得你这个比喻的意思，"我表示，"但是我是不是处于完全不同的情况中呢？当我拉弓时，到了某个时刻我就会感觉：除非立刻放箭，否则我就忍耐不住张力。于是呢，我就会开始喘气不已。所以不管我愿不愿意，我都必须放了箭，因为我无法再等下去了。"

"你把困难形容得再恰当也不过了，"师父回答说，"你知道你为何无法等待下去？为何在放箭之前会喘气？正确的放箭始终未发生，因为你不肯放开你自己。你没有等待完成，却准备迎接失败。只要这种情况继续下去，你就别无选择，只能靠自己来召唤一些应该自然发生的事，而只要你继续这样召唤下去，你的手就无法像婴儿的手一样正确地放开，就无法像一颗熟透的水果般自然绽开果皮。"

我不得不向师父承认，这个解释使我更迷惑了。

"这样说来，"我考虑再三后说，"我拉弓放箭的最终目的是为了击中箭靶。拉弓只是达到目标的一种手段，我无法不顾及这种关系。婴儿对此毫无所知，但是对我而言，这两件事是不可分的。"

这时师父大声地吼道："真正的箭术，是无所求的，没有箭靶！你越是顽固地要学会射箭击中目标，你就越无法成功，目标也离你越来越远。阻碍了你的，是你用心太切。你认为如果你不自己去做,事情就不会发生。"

"可是,你不是也常常告诉我们,"我怀有异议地插嘴道,"箭术绝不是以消遣为目的的游戏,而是生死大事!"

"无论何时,我都会这么说。作为箭术师父,我们常说一射绝命!这句话的意义你现在还无法理解。但是用另一种说法来描述同样的经验,可能对你会有所帮助。我们箭术师父说:射手以弓的上端贯穿天际,弓的下端以弦悬吊大地。放箭时如果有一丝震动,便会有弓弦断裂的危险。对于有心机与暴躁的人而言,这种断裂便是永久的,他们便陷入上不及天、下不着地的可怕境地。"

"那么,我该怎么做呢?"我沉思地问。

"你必须学习正确地等待。"

"怎么学习呢?"

"放开你自己,把你自己和你的一切都断然地抛弃,直到一无所有,只剩下一种不刻意的张力。"

"所以我必须刻意地,去成为不刻意的?"我听见自己这么问。

"没有一个学生这样问过我,所以我不知道怎么回答。"

"我们什么时候开始新的练习?"

"时候到了自然会知道。"

五
以心传心

这是从我开始上课以来，与师父第一次亲密的谈话，却使我感到极度的迷惑。现在，我们终于触及我学习射箭的主要题目了。师父所讲的放开自己，不就是到达"空无"与"超然"途中的一个阶段吗？难道我还无法感觉到禅对箭术的影响吗？到目前为止，我实在无法体会"无所求的等待"与"适时达成的弓箭张力"两者之间的关系。但是，只能从经验中学会的东西，又何必用思想去预测呢？现在是不是该抛弃这种无结果的习惯呢？我时常私下羡慕师父的那些学生，像小孩一样让他手把手地教导他们，这种毫无保留是多么愉快啊！这种态度不见得会造成淡漠与心灵的停滞，小孩至少会发问吧？

再度上课的时候，令我失望的是，师父仍然继续以前的练习：拉弓，等待，放箭。但是他的一切鼓励都没有用。虽然我遵照师父的指示，不向弓的张力屈服，努力挣扎，仿佛弓弦可以一直拉下去似的；虽然我努力等待张力自己将箭射出去，但是每一箭都还是失败了；摇晃，歪斜，抖动。我被一种预期的失败压迫着，练习不但变得毫无要领，而且具有危险性。只有到那时候，师父才中断练习，开始新的指导方向。

"你们以后来上课的时候，"他告诫我们，"必须在路上就开始收心。把你的心神集中于练习厅中所发生的事。视若无睹地经过其他一切，仿佛这个世界上只有一件事是重要而且真实的，那就是射箭！"

放开自己的过程也被分为几个步骤，必须仔细地练习。师父在这里也只做了简略的指示。对于这些练习，学生只要理解（有时候只能用猜的）他们必须做到的是什么就够了。由于这些不同步骤之间的区分在传统上只存在于意象中，因此不需要加以概念化。谁知道，这些经过数世纪练习所产生的意象，也许比我们所有仔细规划出来的知识都还要深入呢？

我们已经踏出这条途径上的第一步，那就是身体的松弛。如果没有身体的松弛，弓弦就无法正确地拉开。

如果要正确地放箭，身体的松弛必须要继续成为心理与精神上的松弛，使心灵不但敏捷，而且自由；因为自由所以才敏捷；因为原本敏捷，所以才自由。这种原本的敏捷与一般所谓的心思灵敏有根本的不同，因此，在这两种状态——身体的松弛与心灵的自由之间，有一种差别是无法单独以呼吸练习来克服的，而必须从放弃一切执著开始，成为完全的无我，于是灵魂会回返内在，进入那无名无状、无穷无尽的原本之中。

关闭所有感官之门，这项要求并不意味着主动拒绝感官的世界，而是准备好顺其自然地退让。要能够自然地完成这种无为的行为，心灵需要有一种内在的定力，这种定力就要靠呼吸的专注来达成。这是刻意的练习，而且要刻意到装模作样的地步。吸气与吐气都要极仔细地一再练习，不需很久就会有效果。一个人越是专注于呼吸，外界的刺激就越模糊。刚开始时，它们就像是掩耳听到的含混叫声，渐渐消失，最后就像远方的海涛声般令人习惯，不加觉察了。时日久后，对更大的刺激都会产生抗力，摆脱它们也变得更快更容易。只需要觉察身体不论行住坐卧都是放松的，专注于呼吸上，不久便会感觉自己被一层无可渗透的寂静所包围，只意识与感觉到自己在呼吸，然后渐渐脱离这种意识与感觉，不需要做什么新的决定，因为呼吸自己会缓慢下来，变得越来越节约，最后逐渐变成一种模糊的调子，完全脱离注意力的范围。

不幸的是，这种微妙的忘我境界并不持久，它终会受到来自内在的干扰。仿佛无中生有，各种情绪、感觉、欲望、担忧甚至思想都会产生，一团无意义的混乱，而且越是荒唐与无来由，就越难以摆脱。它们仿佛是要向意识复仇，因为意识专注于呼吸，闯入了原来不可到达的领域。唯一能使这种干扰停止的方法就是继续呼吸，平静而漠不关心地，与任何出现的事物建立友好的关系，熟悉它们，平等地看待它们，最后待到倦怠时，就会进入一种睡着之前的蒙眬状态。

但是如果后来就这样睡着了，则是必须加以避免的危险。避免的方法就是要突然提升注意力，就像一个彻夜未眠的人，当他知道自己的生命要依靠他的警觉时，精神上突然一震；这种提升只要成功一次，以后必然可以重复。它能帮助心灵产生一种内在的震动——一种安宁的脉动，可以升华为一种通常只有在稀有的梦境中才能经验到的轻快感觉，以及一种陶然的确信，相信自己能够从四面八方得到能量，恰到好处地加强或减轻精神上的压力。

在这种状态中，没有一件事需要思考、计划、奋斗、欲求或期待，没有特定方向的目标，但是知道自己的可能与不可能，其力量是如此的不可动摇——这种状态是根本的无所求与无自我，就是师父所谓的真正心灵化。事实上它充满了心灵的觉察，所以又被称为"当下的真心"。意味着心灵与精神存在于一切，因为它不会执著于任何固定地点。它可以保持当下的存在，因为当它与不同事物有关联时，也不会因依附于反映上而失去其原本的灵敏。像池塘里满盈的水，随时准备漫溢出来，有无穷的力量，因为它是自由的；它对一切事物都开放，因为它是空无的。这种境界是一种原始的境界，它的象征是一个虚空的圆圈，但是对于站在里面的人而言，并不是毫无意义的。

艺术家摆脱一切执著进行创作，是为了实现这种当下的真心，不被任何外在动机所干扰。但是如果他想要忘我地沉浸于创作过程中，就必须先整顿艺术的道路。因为，在他的自我沉浸中，他会面临无法自然超越的情况，他就必须回到意识状态中，于是他就与他已经脱离的一切关系再度发生联系。他只能像个早上醒来的人那样考虑一天的计划，而不是一个得到开悟的人那般在本然状态中生存与行动。他永远无法觉察他的创作过程是由一种更高的力量所控制；他也永远无法体会当他自己是一种震动时，一切事物所传达来的震动是多么地令人陶醉；他所进行的一切，在他还不知道之前，便已经完成了。

因此，必要的超然与自我解脱，内省与生命的强化，当下真心的出现，这些状态不是靠机会或理想的环境才能达成；越是想要达到这些状态，就越不能听天由命，尤其不能放任于艺术创造，认为理想的专注会自己产生。艺术创造本身已经占据了艺术家的所有力量。在一切作为与创造之前，在他开始献身于他的任务之前，艺术家先召唤当下的真心，通过练习加以把握住。他开始成功地抓住真心，不仅只是偶然的片刻，而是可以随时把握，于是这种专注就像呼吸一样和箭术联结在一起。为了能顺利进入拉弓放箭的过程，射手跪在一旁开始专注，然后站起来，仪式化地走向箭靶，深深向它顶礼，像供奉祭品般呈上弓与箭，然后搭上箭，举起弓，拉满弓弦，以极为警觉的心灵等候着。当箭与弓的张力如闪电般释放之后，射手仍然保持着放箭后的姿势，缓缓地呼出气后，再深深吸一口气。这时候他才放下手臂，向箭靶一鞠躬，如果他不再射击，就静静地退到后面。

就这样，箭术成为一种仪式，表现了"大道"。

即使学生到现在仍未抓住射箭的真实意义，他至少理解了箭术为什么不是一项运动或身体锻炼了。他理解了为什么箭术可学习的技术部分必须练习到滚瓜烂熟的地步。如果一切都决定于射手的无所求与无我，那么它的出现必须自动地发生，不需要理智的控制与反应。

日本式的教导，正是采取这种形式。练习又练习，重复再重复，越来越强烈，这是漫长学习过程的主要特色，至少在一切传统的艺术中是如此。示范，举例；直觉，模仿——这是师生间的基本关系。虽然在近几十年来引进了新的教育方法，欧洲式的教导已经得到认可与推广，但是尽管有新事物的新鲜刺激，这些教育改革并未影响到日本艺术，这是为什么呢？

这个问题不容易找到答案。但是仍然必须一试，即使只是很粗略的答案，也可以让教导的形式与模仿的意义更为清楚些。

日本学生具有三项特质：良好的教育，对所选艺术的热爱，以及对老师的敬爱。自古以来，师生关系就是一种基本的生命义务，在老师身上，必须具有一种远超职业要求的高度责任感。

开始时，老师对学生没有什么要求，只要学生能刻意地模仿老师的示范。老师避免长篇大论的说教与解释，只会偶尔地给予指示，也不期待学生发问。他无动于衷地观看着学生笨拙的努力，一点也不指望看到独立与自主，只是耐心地等待他成长与成熟。双方都有的是时间，老师不会催逼，学生也不会负担过重。

老师绝不会想过早地使学生成为艺术家，他的首要考虑是使学生成为一个技巧纯熟的工匠，对自己的手艺有完全的控制。学生勤勉地贯彻老师的想法，仿佛自己没有更高的抱负，他近乎愚钝地在责任下低头努力，只有经过了若干年,才发现他所熟练的技巧已经不再具有压迫性,反而使他得到解脱。他一天比一天更能追求他的灵感,不需要在技术上费力;同时他也能通过细心的观察而启发灵感。他心中刚浮现意象,手中的笔已将那意象捕捉描绘下来,最后,学生自己都不知道究竟是心还是手完成了这项创作。

但是,要达到这种"心灵化"的地步,需要一种身体与心灵力量的完全集中,如同箭术的要求,从以下的例子也可看出,这种身心的集中在任何情况下都是不可缺少的。

一位画家坐在他的学生面前。他检查他的毛笔,慢慢地整理妥当,仔细地磨墨,展开面前席子上的长宣纸,最后他凝神专注地坐在那里一会儿,凛然不可侵犯,然后他以快速而切实的笔触,挥毫画出不容修改也无需修改的完美图画,作为班上的范本。

一位花道师父上课时,他先仔细地解开捆扎花枝的纤绳,卷起来放在一边。然后他一一地检查花枝,一再审视后,选出其中最好的,小心地弯曲成适当的形态,最后把它们一起放进一只优雅的瓶子里。完成后的景象,就仿佛是花道师父偷窥了大自然秘密的梦境。

限于篇幅,我只能就以上两个例子来展开讨论。在这两个例子中,师父们的行为都是旁若无人的。他们几乎不看学生一眼,更不说一个字。他们在进行准备时,神情专注自若,他们让自己沉浸于创造的过程中,对于学生及他们自己来说,从开始到完成,创作是完整自足的一件事。的确,这整件事是如此地有力量,旁观者像是在欣赏一幅画。

虽然这些准备工作是必要的,但是老师为什么不让有经验的学生来做呢?他自己磨墨,细心解开绑花的纤绳,而不是剪开来随手丢掉,是不是这样可以增进他的想象力与创造力呢?是什么力量驱使他在每一堂课都重复如此的步骤,而且坚持要求他的学生毫无变动地如法炮制呢?他固执地遵守这些传统的习惯,因为他从经验中知道,这些准备工作同时能使他进入适于创作的心灵状态。他在工作时的专注沉思带给他必要的松弛与稳定,以此来发挥他的所有力量,达到当下的真心;非如此,没有任何创作能够完成。无所求地沉浸于自己的创作中,艺术家直接面对浮现在眼前的完美图像,它仿佛自己就完成了，就像箭术仪式中的脚步与姿势，虽与其他艺术的准备工作形式不同，但意义是一样的。至于在不适用如此准备工作的情况时，如宗教仪式中的舞蹈者与演员，他们会在上台前就进入自我专注与自我沉浸的状态。

正如箭术，这些艺术无疑都是仪式。它们能比老师的言语更清楚地让学生明白，只有当准备与创造、技巧性与艺术性、物质与心灵、计划与目标都融合无间时，才能进入正确的艺术家的精神状态。学生在这里发现了一个新的模仿课题。现在他必须练习不同的专注与忘我的方法，他所模仿的不再是任何人只要愿意就可以抄袭的事物皮毛，而是更自由、灵活、心灵化的内涵。学生自觉面临新的可能性，但同时也发现这些可能性的实现与他自己的意志完全无关。

假设学生的才能可以应对日益增加的压力，他在达到成熟之前，仍然有一种几乎难以避免的危险。这种危险不在于无益的自满——东方人没有此类的自我崇拜——而是会停滞于故步自封，因为他的成就得到认同，他的名声大噪；换句话说，他会使艺术性的生活成为一种自说自话式的生存方式。

老师会预见这项危险。他像引领灵魂往生的向导一样，小心地转移学生方向，使学生超然于自我。他轻描淡写地指出——仿佛学生已经知道，不值一提似的——一切事情只有在真正无我的状态中才做得好，做事的人不再是他自己，只有一种精神是存在的，一种没有自我痕迹的意识，因此涵盖了极远与极深，没有止境，能够"以眼听音，以耳视物"。

老师就这样让他的学生超越了自我。学生的感受力日增，也让老师带引他去见识到以往只能耳闻的事物，这些事物现在开始成为学生自己的经验基础。老师称呼它什么不重要，也许根本就不提。即使老师保持沉默，学生也能理解他的意思。

重要的是，从此一种内在的变化开始发生作用。老师追求它，但不会以更进一步的指导来扰乱它的发生，他以他所知道最隐秘与最亲密的方式来帮助学生：也就是佛家的直接心传。"以一根蜡烛点燃另一根蜡烛"，于是老师将正确的艺术精神以心传心，使学生大放光明。如果学生有幸承蒙教诲，他就会记得，不论外在的表现是多么吸引人，最重要的还是内在的改变。如果他想要完成艺术家的使命，就必须要完成这一点。

这种内在的变化，是把一个人的自我以及他时时觉察到的自知，变为一种可训练与塑造的素材，最终的目标是艺术的成熟。在此过程中，艺术家与个人在某种较高的层次结合。因为只有当艺术能够以无限的真理为其依据，成为最本然的艺术时，艺术才能成为一种生活方式。艺术家不再寻求，而只会发现。以艺术家而言，他是个超凡入圣的人；以人而言，他是个具有佛性的艺术家。无论在他的做与不做，工作与等待，存在与不存在，心中都有佛眼。人、艺术、作品，三者合而为一。这种内在的艺术，不会像外在的艺术那样离艺术家而去；艺术家不创作 (do) 它，艺术家只能存在 (be)，让它发自世人一无所知的深处。

到达艺术成熟的路是陡峭的。通常除了学生对老师的信心之外，没有任何事能促使学生继续走下去。学生此时能够理解老师的精通，他是内在艺术活生生的例子，他的存在便足以使学生信服。

学生能够前进到什么地步，这不是老师所关切的。

老师刚为学生指点正确的途径，就必须要让学生独自前进了。老师只能再帮助学生一个忙，使学生能忍受孤独之苦；他帮助学生离开自我，也离开自己的老师，他勉励学生要走得比他自己还远，要"爬到老师的肩上"。

不管学生以后朝着什么方向前行，也许他再也看不到老师，但他永远忘不了老师。他对老师的感恩不下于他初学时毫无保留的敬爱，强烈有如他对艺术的信仰。以如此的心境，他取代了老师的位置，准备做任何牺牲。直到最近的历史，都有无数的例子可以证明，这种感恩之情远超过人类的一切常情。

六
箭术的大道

一天又一天，我发现自己越来越能够熟练地进行箭术大道的仪式，做起来毫不费力，或说得更明白些，我感觉自己仿佛是在梦中完成了一切。到目前为止，师父的预测都被证实了。但是我仍然无法防止我的注意力在射击的那一刹那涣散。在弓弦最高张力点的等待不仅极为疲劳，容易使张力松弛，而且也非常难受，我常会由自我沉浸中被扯出来，不得不刻意地放箭。

"不要去想那一箭！"师父叫道，"这样一定会失败的。"

"我无法不想，"我回答，"这张力实在太痛苦了。"

"你会感觉痛苦，因为你没有真正放开自己。一切都非常简单。你可以从一张普通的竹叶中学到应该发生的情况。叶子被雪的重量越压越低，突然间，雪滑落地上,叶子却一动也不动。就像那叶子,保持在张力的最高点,直到那一击从你身上滑落。的确如此,当张力完成后,那一击必然滑落,它从射手身上滑落,就像雪从竹叶滑落,射手甚至连想都来不及。"

尽管我尝试了一切该做的或不该做的,我仍然无法等待到那一击的"滑落"。就像以前一样,我不得不刻意放箭。这一再的失败使我愈加沮丧,因为我已经学习了三年。我不能否认我曾经非常彷徨,思考我是否应该这样浪费光阴,我的做法似乎与我到目前为止所学、所经历到的一切都没有关系。我想起了我的一位同乡的讥讽,他说在日本除了这种无用的艺术之外,还有许多别的事物可以选择。他问我学成之后打算用来做什么,当时我对他的话并不在意,现在看来,也不尽然是无的放矢。

师父一定是觉察了我心中的念头。后来小町谷操三先生告诉我,师父曾经尝试研读一本日文的哲学入门书,想用我所熟悉的学问来帮助我。但是最后他板着脸放下了书,说他现在可以理解,对这种东西有兴趣的人,自然会觉得箭术是万分难学的了。

放暑假时，我与妻子在海边，置身于宁静孤独、优美如梦的环境。我们的行李中，最重要的就是我们的弓箭。日复一日，我专注于放箭，这变成了一种"偏执"，使我越来越不记得师父的警告：我们只应该练习自我超然，其他都不要练。我反复思索了各种可能后，得到一个结论：我的错误并不是如师父所说的无法做到无所求与无我，而是因为我的右手手指把大拇指压得太紧了。我越是等待射击的发生，就越不自觉地压得越紧。我告诉自己，要在这个地方下功夫才对。不久，我就发现了一个简单而明显的解决办法：在拉弓之后，我小心地减轻手指在拇指上的压力，于是时候到了，拇指就会扣不住弓弦，仿佛自然地被拉开，如此就会产生闪电般的放箭，箭就像"竹叶上的雪"一样滑落。我觉得这项发现很可信，因为它与步枪射击的技巧有相似之处。在扣扳机时，食指慢慢地弯曲，直到很小的压力终于克服了扳机的最后阻力。

我很快便相信自己一定走对了方向。几乎每一箭都射得平稳，而且在我看来是毫不刻意的。当然我没有忽略这项胜利的另一面：右手的微妙控制需要我完全的注意力。但我安慰自己，希望这项技巧会逐渐成为习惯，不再需要特别的注意，终会有一天，我能忘我与不自觉地在张力最高点放箭，如此，这项技巧便会心灵化。这个信念越来越强烈，我不理会内心的抗议，也不顾妻子反对的忠言，继续练习下去。我终于又向前迈进了一大步。

再度开始上课后，我射出的第一箭在我看来是辉煌的成功。射得极为平稳与出人意料。师父看了我一会儿，好像不相信他的眼睛，然后犹疑地说："请再射一次！"我的第二箭似乎比第一箭还要好。师父不发一言走上前，从我手中接过弓，回去坐到一个垫子上，背对着我。我知道这个姿势的意思，便告退下去。

第二天，小町谷操三先生告诉我，师父不愿意继续教我了，因为我想要欺骗他。我非常惊慌自己的行为被这样误解，急忙向小町谷先生解释，为了避免一辈子停滞不前，我才想出了这个放箭的方法。他为我说情之后，师父才终于让步继续授课，但是有一个条件，我必须答应永远不再违背大道的精神。

就算我没有羞愧致死，师父的风度也让我痛下决心改过。他对此事一字不提,只是平静地说:"你可以看出在最高张力的状态下,若是做不到无所求的等待会有什么后果。难道你非得不停问自己是否能够控制吗?耐心地等待,看看会发生什么——以及它是如何发生的!"

我对师父说,我的学习已经进入了第四个年头,而我在日本停留的时间是有限的。

"到达目标的途径是不可衡量的!几星期,几月,几年,又有什么重要呢?"

"但是我如果半途而废呢?"我问。

"一旦你真正变得无我时,你可以在任何时候中断。努力练习这个吧!"

于是我们又重新开始,仿佛以往我所学的一切都没有用。在张力最高点的等待还是像以前一样失败,我似乎不可能跳脱我的困境了。

一天,我问师父,如果"我"不去放箭,箭怎么会射出去呢?

"是'它'射的。"他回答。

"我听你这样说过好几次,让我换个方式问:如果我已不存在了，我又如何忘我地等待那一射呢？"

"它会在张力最高点等待。"

"这个它是谁呢？是什么东西呢？"

"一旦你明白了这个，你就不需要我了。如果我不让你亲身体验，而直接给你线索，我就是最坏的老师，应该被开除！所以我们不要再谈这些，继续练习吧。"

几个星期过去了，我没有任何进展。但我发觉这并不使我烦恼，难道我对这整件事都厌倦了？我有没有学成这项艺术，有没有体验到师父所谓的"它"，有没有找到禅道——这一切都似乎变得非常遥远，非常无关紧要，不再困扰我。好几次我决定要向师父坦白这种情况，但是当我站在他面前时，我就失去了勇气。我相信我只会听到千篇一律的回答："不要问，继续练习！"所以我停止发问，要不是师父严格地监督我，我也想停止练习。我只是过一天算一天，尽好自己的教书责任，到最后也不再抱怨自己浪费了这些年的时间。

然后，有一天，射出了一箭之后，师父深深地鞠了一个躬，中断了练习。"刚才它射了！"他叫道，我惊讶地瞪着他。等到我终于理解了他的意思，我也禁不住为之雀跃。

"我的话不是赞美,"师父严厉地告诉我,"那只是一句不该影响到你的话。我也不是对你鞠躬,因为那一箭完全与你无关。这次在张力最高点时,你保持着完全无我与无所求的状态,于是这一箭就像个熟透的水果般从你身上脱落。现在继续练习,仿佛什么事都没有发生。"

经过了相当久之后,才偶尔又有几次正确的放箭,师父每次都会以鞠躬来表示。究竟箭是如何自己松弛飞去,我紧握的右手是如何突然向后扬起,当时我无法解释,现在仍然无法解释。但是事实不会改变,它确实是发生了,这才是重要的。至少我已经能够自己分辨出正确的放箭与失败的放箭,两者之间的差异是如此巨大,一旦体会后便无法忽略。对于旁观者而言,外表上看来,在正确的放箭时,右手向后的弹起会有缓冲,不会震动到身体。然而,在错误的放箭时,被压抑的呼吸会猛然吐出,下一口气便无法快速吸入。正确的放箭后,呼吸会毫不费力地完成,吸气也从容缓和。心跳均匀宁静,专注不受干扰,射手可以马上接着射第二支箭。在精神上，正确的一击会让射手感觉一天好像才刚开始，他觉得他可以做好一切事，或者更重要的是，可以做好一切的"不做"。这种状态真是愉快极了，但是师父带着高深莫测的微笑说，拥有这种状态的人最好要像根本什么也没有一样。只有完满地一视同仁，才能接纳这种状态，让它不会害怕再度出现。

一天，师父宣布我们要开始一些新的练习。我对他说："好，至少我们已经过了最难的一关。"

"行百里者半九十，"他引用成语回答，"我们的新练习是射击箭靶。"

到目前为止，我们的靶子与挡箭设备是捆在木桩上的稻草束，离我们只有两支箭的距离。而另一方面，正式的箭靶与射手的距离大约有六十尺，立在一堵高而宽的沙堤上，沙堆靠在三面墙上，就像射手所站立的大厅，上面有曲线美丽的瓦屋顶。箭靶与射手所在的两个大厅以很高的木板墙壁相连，使这个奇妙的地方与外界相隔离。

师父先给我们一次射靶的示范：两支箭都射入了黑色的靶心。然后他吩咐我们像以前一样正确完成仪式,不要对箭靶感到畏惧,在张力最高点等待箭的"滑落"。我们的细长竹箭朝正确的方向飞去,但是甚至没有碰到沙堤,更不用说靶子了,只落在靶前的地上。

"你们的箭飞不远,"师父观察后说,"是因为它们在心灵上的距离就不够远。你们要把箭靶当成是在无穷远处。箭术大师都有如此的共同经验:一个好射手用中等强度的弓,可以比没有心灵力量的射手用最强的弓射得还远。射箭不靠弓,而是靠当下的真心,靠射箭时的活力与意识。为了能完全发挥这种意识的力量,你们必须以不同方式进行仪式:像个舞蹈家在跳舞。如果你能够如此,你的动作就会发自中心,从正确呼吸的源头发出。不是像在脑中背诵定式般的演练,而是像当时的灵感直接创造出来的,于是舞蹈者与舞蹈便合为一体,别无二物。把仪式变成宗教性的舞蹈,你的心灵意识才会发展出所有的力量。"

我不知道我在这种仪式的"舞"上有多少成功,有没有从中心发出动作。我的箭已经射得够远,但是仍然无法击中箭靶。因此我问师父,为什么他从来没有说明如何瞄准。我想在箭靶与箭尖之间一定有某种关系存在，一定有某种既定的瞄准方法可以使箭击中目标。

"当然是有，"师父回答，"你自己很容易就可以找到准头。但是如果你每次都几乎击中箭靶，你也不过是个爱卖弄技术的射手而已。对于计较得分的职业射手而言，箭靶只不过是一张被他射得粉碎的可怜纸张罢了。对于大道而言，这却是纯粹的邪恶。它不知道有一个在多少距离之外的固定靶子，它只知道有一个目标，一个无法用技术来瞄准的目标，它把这个目标名为佛。"师父说这些话的神情仿佛根本不需要解释似的，他叫我们在他射箭时仔细注意他的眼睛。就像他在进行仪式时一样，他的眼睛几乎是闭着的，我们一点也不觉得他有瞄准。

我们很听话地练习射箭而不瞄准。起先我完全不在意箭落何处，即使偶尔射中箭靶，我也不会兴奋，因为我知道那只是侥幸而已。但到后来，这种盲目乱射还是使我受不了，我又陷入了担忧之中。师父假装没有注意到我的不安，直到有一天我向他承认，我已经快要受不了了。

"你的烦恼是不必要的，"师父安慰我，"要把射中目标的想法抛出脑外！就算你每箭都射不中，你仍然可以成为一个师父。射中箭靶只是外在的证明，表示你的无所求，无自我，放开自己……不管你如何称呼这种状态，已经达到了巅峰。熟练的程度也有等级之分，只有当你到达了最高的一级，才能百发百中。"

"这正是我百思不解之处，"我回答，"我能理解你说的，内在的目标才是真正要击中的。但是射手不用瞄准就可以射中外在的目标——那张圆纸——而这一击只是内在事件的外在证明。这其中的关系是我所想不透的。"

师父想了一会后说："如果你以为只要大概了解这些深奥的关系，就可以帮助你，那你就是在幻想。这些过程是超出理解范围的。别忘了在大自然中也有许多关系是无法理解的，但是又如此真实，我们就习以为常，仿佛是天经地义的。我给你一个我自己也经常思索的例子：蜘蛛在网中跳舞，不知道会有苍蝇飞入它的网中。苍蝇在阳光下随意飞舞，不知如何飞入网中。但是通过蜘蛛与苍蝇，'它'舞动了，于是内在与外在便在这场舞蹈中合而为一。同样地，射手不用瞄准地射中靶子——我无法再多说了。"

虽然,这个比喻没有带给我满意的结论,但它占据了我的思绪。尽管如此,我的内心还是难以释怀,我无法无牵挂地练习。过了几个星期,一个较清楚的异议开始在我心中形成。于是我问师父:"是否有这个可能:你经过了多年的练习,可以如反射动作般举起弓箭,就像一个梦游者一样确实,所以,虽然你拉弓时没有刻意瞄准,你也一定会射中箭靶——因为你根本就不会射不中?"

师父早就习惯了我这些令人疲倦的问题,他摇摇头,沉默片刻后说:"我不否认你说得不无道理。我面对箭靶,就算我不刻意朝箭靶的方向注视,也必然会看到它。然而我知道这样看是不够的,不能决定什么,也不能解释什么,因为我对那箭靶是视而不见的。"

"那么你蒙住眼睛也应该能射中箭靶。"我脱口而出。

师父瞄了我一眼,使我害怕我对他失礼了,然后他说:"今晚来见我。"

当晚,我面对他坐在一个垫子上。他给了我一杯茶,但没有说话。我们这样坐了许久。四周寂静无声,只有茶壶在炉火上的沸声。最后师父站起来,示意我跟随他。练习厅里灯火通明,师父叫我把一根细长如织针的小蜡烛插在箭靶前的沙地上,然后关掉箭靶上的灯光。箭靶四周暗得看不见靶的轮廓,如果不是那支小蜡烛的细小火焰在那里,我根本无法确定箭靶的位置。师父"舞"过了仪式,第一箭从耀眼的光亮中直射入黑暗。我从声音知道箭已中靶。然后第二箭也射中了。当我打开箭靶处的灯光时,惊讶地发现第一箭射在靶的中心,而第二箭劈开了第一箭的箭尾,穿过了箭身,插在第一箭边上。我不敢把两支箭分别拔出,只好连箭靶一起搬回来。师父仔细地审视一番,然后说:"你会想,第一箭不算什么,因为经过了这么多年,我已经熟悉了箭靶的位置,即使在黑暗中,我也知道目标何在。或许如此,我不想否认。但是第二箭射中了第一箭——这你要怎么解释?无论如何,我知道这一箭不能归功于我。是'它'射出去的,也是它射中的。让我们向箭靶鞠躬,就像对佛陀鞠躬一样。"

师父这两箭显然也射中了我:我仿佛在一夕之间改

头换面，不再对自己射的箭感到烦恼。师父为了进一步加强我的信念，在我们练习时他从来不会看箭靶，而只注视着射手，好像从射手身上便可以知道箭射得如何。我问起他时，他坦然承认确实如此。我自己也能够一再证实，他在这方面判断的正确性，丝毫不逊于他射箭的准确。就这样，经过最深沉的专注，他将艺术的精神传授给他的学生，我也不怕承认，虽然我怀疑了很久，但我从我的经验中证实了直接心传的说法不是空言，而是实际存在的事实。当时师父有另一种帮助我们的方式，他也称之为箭术精神的直接心传：如果我一连好几箭都没射好，师父会用我的弓来射几箭。这个做法的影响十分惊人，仿佛弓变得不一样了，它变得更愿意，也更谅解地让我拉开。这个现象不仅发生在我身上，跟随他学习最久与最有经验的学生，来自各阶层的人，也都视之为理所当然的事实，很奇怪我的明知故问。相同道理，剑道大师们都坚决相信，每一把剑都灌注了铸剑师无限的心血与精神，他们在铸剑时都穿着仪式的服装。他们的经验无比丰富，技巧无比纯熟，对于每一柄剑的特性都了然于心。

一天，我的箭刚脱手，师父便叫道："这就是了！向目标鞠躬！"然后，我瞥向箭靶——很不幸，我实在忍不住——看见那支箭只是射在箭靶边缘上。

"那一箭射对了，"师父肯定地说，"开始时理当如此。不过今天到此为止，否则下一箭你会特别费心，破坏了一个好的开始。"

后来在许多的失败中，偶尔会有连续几箭正确地击中箭靶。但是只要我的脸上露出丝毫的满意神色，师父便会以少见的严厉相向。"你在想什么？"他会叫道，"你已经知道射坏了不要难过，现在必须学习射好了不要高兴。你必须使自己解脱于快乐与痛苦的冲击，学习平等超然地对待它们，你的高兴要像是为了别人射得好而高兴，而不是为了你自己。你必须要不断地练习这个做法，你无法想象这有多么重要。"

在接下来这几周，这几月里，我度过了我这辈子最艰苦的学习历程。虽然我无法轻易接受这种纪律，但我逐渐明白我实在受惠良多，它摧毁了我最后一丝对于自己的顾虑与情绪的起伏。一天，在我射了极好的一箭后，师父问我："你现在明白了我说'它射了'、'它射中'的意思吗?"

"恐怕我根本什么都不明白,"我回答,"甚至连最简单的事都陷入了混乱之中。是我拉了弓,或者是弓拉了我到最高张力状态?是我射中了目标,或者目标射中了我?这个'它'用肉眼来看是心灵的,用心眼来看则是肉体的?或者两者皆是?弓、箭、目标与自我,全都融合在一起,我再也无法把它们分开,也不需要把它们分开。因为当我一拿起弓来射时,一切就变得如此清楚直接,如此荒唐的单纯……"

"现在,"师父插嘴道,"弓弦终于把你切穿了。"

七
结束与开始

五年多过去了,师父建议我们去通过一次考试。"这不仅是技术的表现,"他解释道,"射手的精神气度占有更高的价值,连最细微的动作都要算数。我期待你们不要因为旁观者在场而分心,要十分平静地完成仪式,旁若无人似的。"

之后几个星期,我们也没有把考试放在心上,一句话都没有提及,一堂课常常射了几箭就下课了。相反地,师父要我们在家里进行仪式,练习步伐与姿势,尤其要注意正确的呼吸与深沉的专注。

我们按照指示,在家里不用弓箭地练习仪式,习惯之后,我们马上发觉自己很快便进入不寻常的专注状态。我们越是放松身体,这种专注的感觉也越强烈。当我们上课后,再次用弓箭练习仪式时,这些家庭练习的效果显著,我们能够毫不费力地滑入"当下的真心"状态中。我们对自己极有把握，因此能够以平等无差别的心情期待着考试之日，以及旁观者的来临。

我们成功地通过了考试，师父不需要用困窘的微笑来博取观众的宽宏。我们当场就领了证书，上面注明了我们熟练的等级。师父穿着庄严的大袍，精彩地射了两箭，作为典礼的结束。几天之后，我的妻子也在一场公开考试中获得了花道师父的头衔。

从那时开始，课程换了新面貌。每次师父只要求我们射几箭就满意了，然后他会配合我们的程度讲解大道与射箭艺术的关系。虽然他所讲的都是神秘的象征与晦涩的比喻，但是只要些许提示，便足以让我们理解其中的含义。他花最多时间的是"无艺之艺"，这是箭术追求完美的目标。"能够用兔角和龟毛来射箭，而不用弓（角）箭（毛）便能击中靶心的人，才担当得起大师的尊称——无艺之艺的大师。诚然，他本身就是无艺之艺、大师与非大师集于一身。在此时，箭术成为不动之动，不舞之舞，进入禅的境界。"

我问师父，当我们回到欧洲后，没有了他，我们要怎么办？他说："你的问题已经在这次考试中得到解答。在你们目前的阶段,老师与学生已不再是两个人,而是一个人。你随时都可以离开我,就算是大海相隔,只要当你们练习你们所学时,我就会与你们同在。我无须提醒你们保持规律的练习,不要因为任何理由中断,每天都要进行仪式,即使没有弓箭,至少也要做正确的呼吸练习。我无须提醒你们,因为我知道你们永远不会放弃这心灵上的箭术。不用写信告诉我,只要偶尔寄一张照片给我,让我能看到你们拉弓的情形。如此,我就会知道一切我需要知道的。

"还有一件事我必须警告你们。这些年来,你们已经变成了另一个人。这就是射箭艺术的真义:射手与自己的剧烈斗争,影响深远。也许你们还没有注意到,但是当你们回到自己国家,重逢亲朋好友时,便会强烈地感觉到这种改变:事情不再像以前那样和谐了。你们会用另一种眼光观看事物,用另一种标准衡量事物。以前这也发生在我身上,这会发生在所有被这种艺术精神触及的人身上。"

在道别,而又不是道别的时刻,师父把他最好的弓送给我:"当你用这张弓射箭时,你会感觉到老师的精神与你同在。不要让它落入好奇人士的手中!当你不需要它时,不要搁着当纪念品!烧掉它,除了一堆灰烬,什么都不要留下。"

八
从箭术到剑道

讲到这里，我怕许多读者会心生怀疑，既然箭术在战斗中已失去了重要性，仅以一种十分复杂的心灵形式幸存，说明箭术的升华并不十分健全。我实在不能怪他们会有这种想法。

因此我必须再次强调：日本的艺术，包括箭术，并不是在近代才受到禅宗的影响，而是有好几个世纪的渊源了。事实上，一个古代的箭术师父如果有机会，他对于箭术本质的言论与今日的师父不会有任何差异。对于箭术师父而言，大道是一个活生生的现实。数世纪以来，射箭艺术的精神始终未变——就像禅宗一样。

凭我自己的经验，我知道一定有许多疑惑挥之不去，为了要消除这些疑惑，我建议看看另一项艺术作为比较，这项艺术的战斗意义甚至到今日都无法否认，它就是：剑道。我做这个比较，不仅是因为阿波研造师父也是一个优秀的心灵剑道家,他常常向我指出箭术大师与剑道大师在经验上惊人的类似之处;更重要的原因是,有一部从封建时代流传下来的重要文献。当时武士道盛行,剑道家必须冒生命的危险来证明他们的武术。这是伟大的禅师泽庵的一篇文章,题目是《不动的真知》。这篇文章详尽地阐述了禅与剑道的关系,以及比剑的方法。我不知道这是不是唯一如此仔细并且卓越地解释剑道的文章,也不知道在箭术方面是否有类似的著作。无论如何,泽庵禅师的文章能够保存至今是非常幸运的。这要归功于铃木大拙,他把这封泽庵写给一位剑道大师的信,几乎未加节略地翻译出来,使广大的读者能够接触到它。我以自己的方式把这项资料安排整理,尽可能清楚扼要地解释剑道在过去的意义,以及今日的大师们对剑道意义所拥有的共同看法。

在剑道师父自己与学生的经验里,一个共同认定的事实是,任何初学剑道的人,不论他有多么强壮好斗、勇敢无畏,一旦开始学习之后,很快就会失去自觉与自信。他开始理解在战斗中所有因技术而造成生命危险的可能性,虽然他很快就能训练自己的注意力到极限,能严密地监视对手，正确地拨开刺来的剑，并有效地反击，但是他事实上要比未学前更糟；在以前，凭着一时的灵感与战斗的喜悦，他半开玩笑、半当真地随意乱挥剑。现在他却不得不承认，自己的生命是掌握在比他更强、更灵活、更有训练的敌人手中。他别无选择，只有不断地练习，他的老师在这时候也没有其他的建议。所以初学者孤注一掷，只求胜过别人，甚至胜过自己。他学得了卓越的技术，恢复了部分失去的信心，觉得自己越来越接近目标。然而，老师却不这么想——根据泽庵禅师的说法，这才是正确的，因为初学者的所有技术都只会使他的"心被剑所夺"。

然而初期的教导也别无他法，这种方式最适合初学者。但是它无法到达目标，老师非常清楚这一点。学生单靠热忱与天赋是无法成为剑道家的。虽然他已经学会不被激战冲昏头脑，能保持冷静，养精蓄锐，长时间战斗，在他自己的圈子里几乎找不到敌手——但是为什么，以最高的标准来判断，他仍然败在最后一刻，毫无进步呢？

根据泽庵禅师的说法，其中的原因是：学生无法不注意对手与自己的剑法。他一直在想着如何制服对手，在等待对手露出破绽的时候。换言之，他把所有时间都放在自己的技术与知识上。如此一来，泽庵禅师说，他就失去了当下的真心，决定性的一击永远来得太迟，他无法"用对手的剑击败对手"。他越是想靠自己的反应、技巧的意识运用、战斗经验与战略来寻求剑法的卓越，他就越妨碍到自由的心灵运作。这要怎么办呢？技巧要如何才能心灵化？技术的控制要如何才能变成剑法的掌握？根据大道，唯有使学生变得无所求与无我。学生不仅要学习忘掉对手，更要忘掉自己。他必须超越目前的阶段，永远抛诸脑后，甚至冒着不可挽救的失败危险。这话听上去，不是像"射手不瞄准，不能想要击中目标"的主张一样荒谬吗？然而，值得记住的是，泽庵禅师所描述的剑道精义，已在数千次决胜战斗中得到了证明。

老师的职责不是指明途径，而是使学生能感觉到途径来适应自己的个人特性。因此，老师首先训练学生能够本能地避开攻击，甚至在完全毫无准备的情况下。铃木大拙以一个很精彩的故事，来描述一位老师对于这项困难的任务所采取的极具创意的做法：

日本剑道老师有时候会使用禅宗的训练方法。有一次，一个年轻人来找一位师父学习剑道的艺术，这位师父已经退休住在山顶小屋中。他同意收这位学生。他要学生帮助他收集木柴，挑水劈柴，生火煮饭，打扫照料庭院，以及处理一般的家事。但是没有正式的剑道训练。过了一段日子，年轻人渐渐感到不满，因为他不是为这老人做佣人而来，他是要学习剑道。所以有一天他要求师父教导他，师父同意了，结果从此这个年轻人无论做什么都没有安全感。当他早上开始煮饭时，师父会突然从背后用木棍打他。当他在扫地时，也会遭受到不知何处、突如其来的打击。他没有片刻宁静，必须时时戒备。几年之后，他才能够成功地躲开那不知来处的一击，可是师父对他还不是很满意。有一天，师父自己在火堆上煮蔬菜，学生突然想到要利用这个机会。他拿起木棍，往师父的头上砸下去，师父正弯腰搅拌锅里的菜，但是学生的木棍马上就被师父用锅盖架住了。这打开了学生的心灵之眼，使他窥见了奥秘的剑道精髓，他也第一次真正体会到师父无比的慈悲。

学生必须发展出一种新的感官，或更正确地说，使他的感官产生新的警觉，这样他才能避开危险的攻击，仿佛他能感觉到它的来临。一旦他熟悉了这种闪躲的艺术，他便不需要专注于对手的动作，甚至好几个对手也无妨。他可以看到、感觉到将要发生的事，同时他已经避开了，在察觉与闪躲之间是"间不容发"的。这才是重要的：不需知觉注意，迅如闪电的反应。这样一来，学生终于使自己超越一切意识性的目标，这是个伟大的收获。

真正困难而且重要的工作，是使学生不要想伺机攻击他的对手。事实上，他应该完全不要想他是在对付一个非你死即我活的对手。

开始时，学生会以为——他也只能这么以为——这些教诲的意义是指不去观察或思索对手的行动。他非常认真地做到这种"非观察"，控制自己的每一步。但是他没有发觉，如此地专注于自己，他必然会把自己看成一个不惜一切代价避免注意对手的剑客。不管他怎么做，他的心中仍然暗藏着一个自我，只是在表面上超然于自我，他越是想忘掉自我，他就越是紧紧地与自我绑在一起。

要许多非常微妙的心理引导才能使学生相信,这种注意力的转移基本上是毫无益处的。他必须学习断然地放开自己,如同他放开对手一样,说得极端一点,他必须变得不顾自己、毫无所求。这需要极大的耐心,极艰苦的训练,就像箭术。一旦这项训练达到目标,最后一丝的自我牵挂就会消失在纯粹的无所求中。

在这种无所求的超然之后,会自动产生一种和前述的本能闪躲极类似的行为模式。就像那种阶段,觉察与闪避攻击之间是间不容发的;现在,在闪躲与反击之间也没有时间上的差距。闪躲的同时,战斗者伸手拔剑,一闪之间,致命的反击已经发出,准确而不可抗拒。仿佛剑自己挥舞起来,就像在箭术中"它"瞄准而击中,所以在此处,"它"取代了自我,发挥了自我经过刻意的努力所获得的熟练与敏捷。同样地,这里的它只是一个名字,代表了某种无法理解、无法掌握的事物,只有亲身经验过的人才能觉察。

根据泽庵禅师的说法,要达到剑道艺术的完美境界,心中必须没有你我之分,没有对手与他的剑,也没有自己的剑与如何挥舞的念头——甚至没有想到生与死。"一切皆空无：你自己，那闪烁的剑，那挥舞的手臂。甚至连空无的念头也不复存在。"从这绝对的虚空中，泽庵禅师说，"展现了最奇妙的作为。"

箭术与剑道的道理也可以应用在其他艺术上。水墨画的熟练画家要先使手的技术达到完美的控制，才能够把心中刚成形的意象立即画下，中间没有毫发之差。绘画成为自发的书法。在这里，画家的教诲可能是：花十年时间去观察竹子，把自己变成竹子，然后忘却一切，动手去画。

像初学者一样，剑道大师是无自我意识的。在刚开始学习时所丧失的那种不在乎的态度，最后又回来了，而且成为他永远不灭的特质。但是，与初学者不同的是，他谨慎收敛，平静而不傲慢，丝毫无意炫耀。从学生到师父，中间要经过长年不断的练习。在禅的影响下，他的熟练变得心灵化，而他自己，历经心灵的挣扎奋斗，已经脱胎换骨了。现在剑变成了他的灵魂，不再只是轻若鸿毛地放在剑鞘中。他只有在无法避免的情况下才拔剑，因此他会时常避开自不量力的对手，或卖弄肌肉的浮夸人物，他会以不在乎的微笑任人嘲讽他怯懦；而在另一方面，基于尊敬一个有价值的对手，他会坚持决斗，这种决斗没有任何意义，只是给予输者一个光荣的死亡。这就是剑客的情操，独一无二的武士道精神。因为，高于一切，高于名誉、胜利，甚至高于生命，是那引导他，并且审判他的真理之剑。

像初学者一样，剑道大师是无所畏惧的，但是，不像初学者，他一天比一天更远离恐惧。多年不断的静心沉思使他知道，生与死在基本上是一样的，是一体的两面，他不再畏生惧死。他在世上快乐地活着，这完全是禅的特色，但是他随时准备离开世间，丝毫不为死亡的念头所困扰。武士选择脆弱的樱花作为他们的象征不是没有原因的。就像一片花瓣在朝阳中宁静地飘落地面，那无畏者也如此超然于生命之外，寂静无声而内心不动。

从死亡的恐惧中超脱出来，并不表示在平时假装自己面临死亡时不会颤抖，或没有什么可怕的。对于生死泰然处之的人是没有任何恐惧的，他甚至无法再体验恐惧的滋味。没有受过严格而漫长的禅定训练的人，无法理解禅定征服自我的力量有多大。完美的大师无论何时、无论何处都会流露出他的无惧,不是经由言语,而是表现在他整个人的举止行为上:旁人只要观看他,就会深深受到影响。这种无可动摇的无惧便是最高的成熟,因此只有少数人能达到。为了说明这一点,我将引用18世纪早期的著作《叶隐闻书》中的一段故事:

> 柳生但马守宗矩是一位伟大的剑道家,也是当时幕府将军德川家光的剑道师父。有一天,将军的一位贴身侍卫来找柳生,希望学习剑道。师父说:"据我的观察,你自己似乎也是一个剑道大师,在我们成为师生之前,请先告诉我你的师门。"
>
> 那侍卫说:"我很惭愧,我从未学过剑。"
>
> "你想要骗我吗?我是将军大人的老师,我的眼光是不会错的。"
>
> "我很抱歉冒犯了您的荣誉,但是我真的一无所知。"
>
> 访客的坚决否认使大师陷入了沉思,最后他说:"如果你这样说,那一定是事实了,但是我仍然确信

你是某方面的大师,虽然我不知道是什么。"

"如果您一定要我说,我就告诉您,只有一件事我可以说是完全有把握的。当我还是个小孩时,就想到如果要做武士,无论如何不能怕死。对于死亡的问题,我已经奋斗了好几年。现在死亡的问题已不再能够困扰我。您所指的是否就是这个呢?"

"这就对了!"柳生叫道,"这就是我所指的。我很高兴我并没有看走眼,因为剑道的最高奥秘就是从死的念头中解脱。我已经如此训练了千百个学生,但至今还没有一个真正得到这项剑道的最高证明。你不需要技术上的训练,你已经是个大师了。"

自古以来,学习剑道的道场都被称为"启发场"。

每一位受禅影响的艺术大师,都像是从包容一切的真理之云中射出的一道闪电。这种真理存在于他自由自在的精神中,而在它面前,他又体验了真理——他自己那原始而无名无状的本质。他自己一再接触这项本质,他的本质具有无限可能性——于是真理对他,以及通过他对其他人,展现了千万种不同面貌。

尽管他耐心与谦逊地接受了前所未有的训练，但是要想达到一切行动都沉浸于禅的境界，使得生命中每一刻都完美无缺，他还有很长一段路要走。最高的自由对他而言，仍然不是那么必要。

如果他无法抗拒地感到必须达到这个目标，他就必须再度出发，踏上那通往无艺之艺的道路。他必须敢于跃入本然，生活在真理中，一切以真理为准，与真理成为一体。他必须再度成为学生，成为一个初学者，克服那最后，也最陡峭的一段路，经历新的转变。如果他能从这场危险的考验中幸存下来，他便完成了他的命运：他将亲身见证那不灭的道理，那一切真理之上的真理，那无形根本之根本，那同时是一切的虚空；他将被它所吸收，然后从中得到了重生。

[全书终]

奥根·赫立格尔
Eugen Herrigel

哲学家

1884年 生于德国
1913年 海德堡大学哲学博士
1914—1918年 参加第一次世界大战
1922年 海德堡大学讲师
1924—1929年 日本东北大学讲师,
期间师从弓道大师阿波研造
1929年 埃尔朗根大学教授
1930年 接受日本东北大学授予的博士学位
1948年 埃尔朗根大学名誉教授
1951年 隐居于加米施
1955年 因肺癌逝世

著作

1926年《原质料和原形相》
1929年《形而上学的形相》
1948年《箭术与禅心》
遗稿《禅之路》

阿波研造
Awa Kenzo

弓术家,被誉为弓圣

1880年 出生于宫城县河北町(现石卷市)
得日置流雪荷派木村时隆真传
1910年 代木村时隆出任第二高等学校弓道指导
1913年 师从本多利实,得日置流尾州竹林派真传
1927年 被授予武德会弓道范士,创立大射道教
1939年 去世

阿波研造曾说:"弓术并非技术。当你射穿自己的心时,就能达到佛陀的境地。"他开创的大射道教流派以"一射绝命"为宗旨,主张通过弓术来求道。

鲁宓

现代艺术家、译者

1961年 生于中国台北
1986年 艺术学士,台湾师范大学
1992年 艺术硕士,美国德州大学奥斯汀分校

个展

1988年 雄狮美术新人奖个展 雄狮美术艺廊
1993年 非常时刻 台北伊通公园
1995年 法国巴黎国际艺术村个展 法国巴黎国际艺术村
2011年 屋中屋 台北蘑菇Booday Shop 2F

译著

《灵性冲撞》
《九个故事》
《箭术与禅心》
《学飞的男人》
《诊疗椅上的谎言》
等二十余种

箭术与禅心

产品经理｜王 胥　　装帧设计｜余 雷
后期制作｜白咏明　　责任印制｜路军飞
出 品 人｜吴 畏

《箭术与禅心》中文译稿 ©2004/08/06
奥根·赫立格尔（Eugen Herrigel）/著，鲁宓/译
简体中文译稿经由心灵工坊文化事业股份有限公司
授权果麦文化传媒股份有限公司
在中国大陆地区独家出版发行

图书在版编目（CIP）数据

箭术与禅心 /（德）奥根·赫立格尔著；鲁宓译. — 西安：三秦出版社，2018.8（2022.1重印）
ISBN 978-7-5518-1866-7

Ⅰ.①箭… Ⅱ.①奥…②鲁… Ⅲ.①禅宗—通俗读物 Ⅳ.①B946.5-49

中国版本图书馆CIP数据核字（2018）第159292号

责任编辑： 马静怡
装帧设计： 余 雷

箭术与禅心

[德]奥根·赫立格尔/著　鲁宓/译

出版发行	陕西新华出版传媒集团 三秦出版社
社　　址	西安市雁塔区曲江新区登高路1388号
电　　话	（029）81205236
邮政编码	710003
印　　刷	嘉业印刷（天津）有限公司
开　　本	787mm×1092mm　32开
印　　张	3.5
字　　数	51千字
版　　次	2018年8月第1版 2022年1月第8次印刷
印　　数	30 901—35 900
标准书号	978-7-5518-1866-7
定　　价	36.00元

版权所有　侵权必究
如发现印装质量问题，影响阅读，请联系021-64386496调换